[redacted]

Paul und Gail Dennison · Brai

Paul E. Dennison
Gail Dennison

BRAIN-GYM®

Mit 52 Illustrationen von Franz Zumstein

VAK Verlag für Angewandte Kinesiologie GmbH
Freiburg im Breisgau

Titel der amerikanischen Originalausgabe:
BRAIN GYM®. Simple activities for whole brain learning

Edu-Kinesthetics, Inc., Glendale / California

Die Deutsche Bibliothek – CIP-Einheitsaufnahme

Dennison, Paul:
Brain-Gym/Paul E. Dennison; Gail Dennison.
Mit Ill. von Franz Zumstein. [Übers.: Ulrich Wilutzky.
Bearb.: Helga Petres-Lesch; Alfred Schatz].
– 5. Aufl. – Freiburg im Breisgau: VAK,
Verl. für Angewandte Kinesiologie, 1994
Einheitssacht.: Brain-gym, simple acitivities
for whole brain learning ‹dt.›
ISBN 3-924077-27-4
NE: Dennison, Gail; Petres-Lesch, Helga [Bearb.]

5. Auflage: 1994
Übersetzung: Ulrich Wilutzky
Bearbeitung: Helga Petres-Lesch, Alfred Schatz
Zeichnungen: Franz Zumstein
Umschlag: Hugo Waschkowski
Lektorat: Helga Petres-Lesch, Susanne Degendorfer
Gesamtherstellung: Rombach GmbH Druck- und Verlagshaus, Freiburg
Printed in Germany
ISBN 3-924077-27-4

Gewidmet unseren Kindern

John
Joanne
Lauri
Thomas
und
Valerie

Zu Ihrer Information

Obwohl diese Bewegungen für unsere Schüler als sicher und effektiv gelten, sollten Sie vor Aufnahme der Übungen den Arzt Ihres Vertrauens um Rat fragen.

Besonderer Dank gilt:

Den Mitarbeitern der Touch for Health Foundation und des Valley Remedial Group Learning Centers.

Dr. John F. Thie und anderen Pionieren in der Anwendung von Berührung im Zeichen der körperlichen und geistigen Fitneß, die uns die Bedeutung der Energieübungen bewußt gemacht haben.

Frank Mahony für seine Arbeit zur Verifizierung von Muskelaktivierungstechniken.

Hunderten von anerkannten EK-Beratern weltweit.

Außerdem: Phillip Crockford (San Francisco), Coby Schasfoort (Holland), Trevor Savage und Barry Summerfield (Australien), Colleen Carroll (Colorado), Patti Steurer-Lenk (Iowa), Richard Harnack (Missouri) und Dorothy Lenk (Pennsylvania), die alle enthusiastisch an diesem Programm mitwirkten.

Die Bilder in diesem Buch sind in schwarz/weiß gehalten, damit sie von den Kindern ausgemalt werden können. Viel Spaß!

Eine Botschaft an Eltern und Lehrer

BRAIN-GYM®-Übungen sind einfache und angenehme Bewegungsabläufe, die wir mit unseren EK-Schülern (EK = Educational Kinesiology) durchführen, um ihre Erfahrungen mit ganzheitlichem Lernen zu erweitern. Die Übungen erleichtern jede Art von Lernen, insbesondere jedoch das schulische und akademische.

Das Wort *education* kommt vom lateinischen *educere,* was soviel wie „herausziehen“ bedeutet. *Kinesiologie* hat seine Wurzeln im griechischen *kinesis* = Bewegung. Es ist die Lehre von der Bewegung des menschlichen Körpers.

EK ist ein System, welches Schüler jeden Alters durch Freilegen von vorhandenem Potential fähiger werden läßt.

Es wurde versucht, gegen Schulversagen mit Programmen vorzugehen, die Lernen stärker einprägen und dazu motivieren sollen. Diese Programme haben bis zu einem gewissen Grad Erfolg. *Warum* jedoch lernen manche Kinder gut, andere aber nicht? In EK sehen wir, daß sich manche Kinder zu sehr anstrengen und den Gehirn-Integrations-Mechanismus für ganzheitliches Lernen abschalten. Informationen werden vom Hinterhirn als Eindruck aufgenommen, sind jedoch dem Vorderhirn als Ausdruck nicht verfügbar. Diese Unfähigkeit, das Gelernte auszudrücken, erzeugt beim Schüler ein Versagenssyndrom.

Die Lösung, entdeckt durch die EK-Forschung, ist ganzheitliches Lernen durch Neubahnung von Bewegungsmustern und BRAIN-GYM®-Übungen, die den Schülern Zugang zu den bisher verschlossenen Teilen des Gehirns verschaffen. Die Lern- und Verhaltensveränderungen sind oft von unmittelbarer und intensiver Wirkung, wenn die Kinder entdecken, wie sie gleichzeitig Informationen aufnehmen und sich ausdrücken können.

EK für Kinder lehrt die Vorgehensweisen zur Neuanbahnung, die wir jedem empfehlen, der die Qualität seines Lebens und Lernens verbessern sowie seine Freude an Bewegung erhöhen will. BRAIN-GYM® lehrt die einfachen Übungen, die seit ihrer Entwicklung schon so viele Leben verändert haben. Obwohl BRAIN-GYM®-Übungen jedem Schüler, ob jung oder alt, helfen, sein Potential besser zu nutzen, sind sie besonders effektiv nach der Dennison-Lateralitätsbahnung. (Beschrieben in *EK für Kinder* und *Befreite Bahnen*, Verlag für Angewandte Kinesiologie)

Viele Lehrer benutzen alle Übungen dieses Buches täglich in ihren Klassen. Andere benutzen nur die das Lesen fördernden Übungen. Diese Körper- und Energiebewegungen, angelehnt an alte Disziplinen wie Yoga und Akupunktur, sind an die besonderen Bedürfnisse Lernender in unserer modernen, hochtechnisierten Kultur angepaßt. Die vorliegenden Übungen sind so angelegt, daß die Auswirkungen im täglichen Leben erfahren werden können. Schüler berichten, daß sie die Übungen in den Alltag integrieren und ein Gefühl dafür entwickelt haben, wann ihnen BRAIN-GYM® helfen kann.

Natürlich soll niemand gezwungen werden, sich in einer für ihn unbequemen oder unangenehmen Weise zu bewegen. Der Schüler sollte innerhalb seiner eigenen Grenzen arbeiten und lediglich zu den Übungen ermutigt werden.

Wenn Schüler BRAIN-GYM® kennenlernen, entwickeln sie Freude und Interesse. Sie zeigen es ihren Freunden, beziehen es in ihr Leben ein, ohne Anweisung oder Überwachung. Ein geschickter Lehrer, der selbst Spaß an der Bewegung hat, wird seine Motivation mühelos übertragen können.

Inhalt

Hallo! Wir sind alle begeistert von BRAIN-GYM. Mit täglich einigen Minuten Übungen halten wir uns fit für den ganzen Tag. Früher war uns Lesen, Schreiben und Lernen ein Greuel. Wir haben den ganzen Tag nur ferngesehen.
Jetzt lernen wir gern und haben genug Energie für alle unsere Aktivitäten. Und wenn wir mal steckenbleiben, wissen wir gleich, was wir tun können, um weiterzukommen.

Hallo! Ich bin Anja. BRAIN-GYM macht mir sehr viel Spaß. Früher war die Schule sehr anstrengend für mich. Ich war zwar gut, hatte aber keine Zeit für mich selbst. BRAIN-GYM wirkt, wie wenn ich meinen Motor einschalten würde. Ich fühle dann, wie mein ganzes Gehirn förmlich summt. Alles geht jetzt viel einfacher.

Mittellinienbewegungen

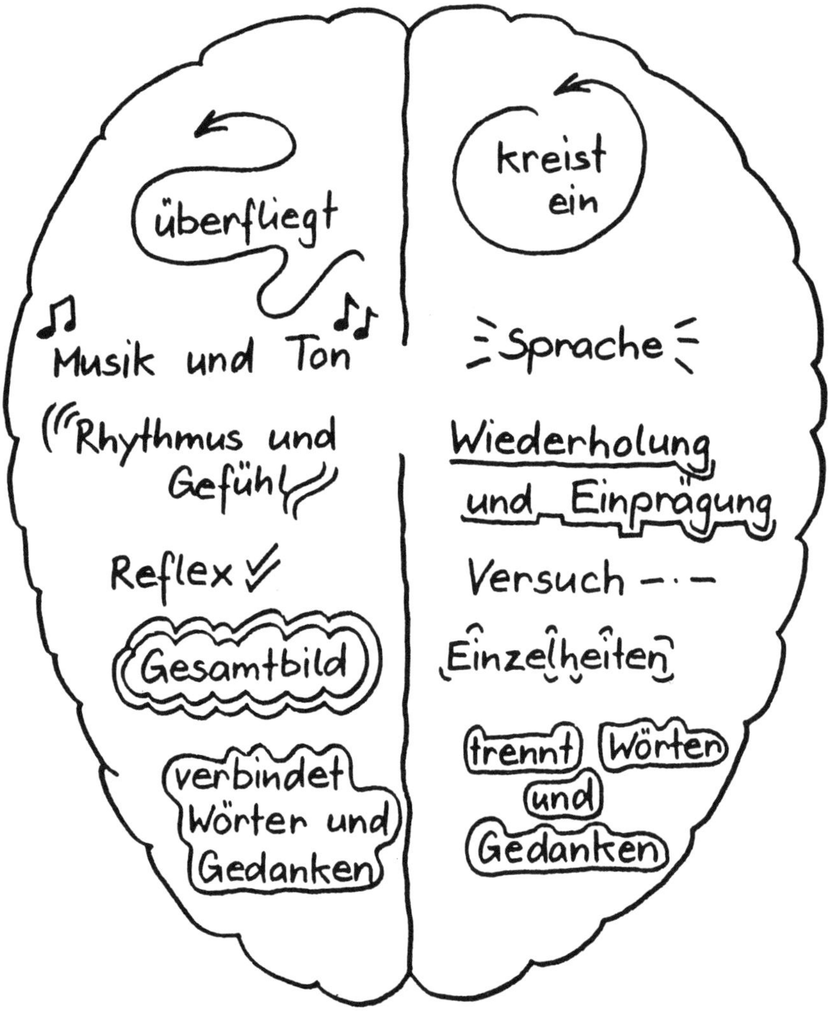

Dies ist ein Bild von meinem Gehirn, wenn ich Dir gegenüberstehe. Die linke Hälfte ist aktiv, wenn ich meine rechte Köperseite bewege. Die rechte Hälfte ist aktiv, wenn ich die linke Körperseite bewege. Der Gedanke an ein X sagt meinem Gehirn, daß ich beide Seiten gleichzeitig benutzen will. Die MITTELLINIENBEWEGUNGEN sind BRAIN-GYM-Übungen, die mir helfen, beide Gehirnhälften zusammen in Harmonie zu benutzen, damit das X immer besser funktioniert.

Wir üben jeden Morgen mit Musik ÜBERKREUZ-GEHEN und ÜBERKREUZ-HÜPFEN. Ich führe die Bewegung so aus, daß wenn sich ein Arm bewegt, sich gleichzeitig das Bein auf der anderen Körperseite bewegt. Ich bewege mich nach vorne, hinten, seitlich und bewege meine Augen in alle Richtungen. Es hilft mir, mit der Hand gelegentlich das gegenüberliegende Knie zu berühren, um die Körpermittellinie zu überqueren. Wenn meine Gehirnhälften so zusammenarbeiten, fühle ich mich aufnahmefähig für Neues.

Mein Papa macht mit mir zusammen die LIEGENDE ACHT. Er sagt, daß er früher beim Lesen immer Wörter vergessen und den Faden verloren hätte. Jetzt lesen wir uns gegenseitig vor. Wir gehen zusammen zur Bibliothek und haben sehr viel Spaß mit Büchern. *Mach' die Acht dreimal mit jeder Hand, dann dreimal mit beiden Händen zusammen.*

Bevor ich BRAIN-GYM kannte, wäre ich nie darauf gekommen, daß ich künstlerisch begabt bin. Jetzt zeichne ich den DOUBLE DOODLE mit beiden Händen gleichzeitig. Ich staune immer wieder über die interessanten Formen, die dabei von mir erschaffen werden und wie entspannt sich meine Arme und Augen anfühlen. Und auch das Schreiben fällt mir jetzt viel leichter.

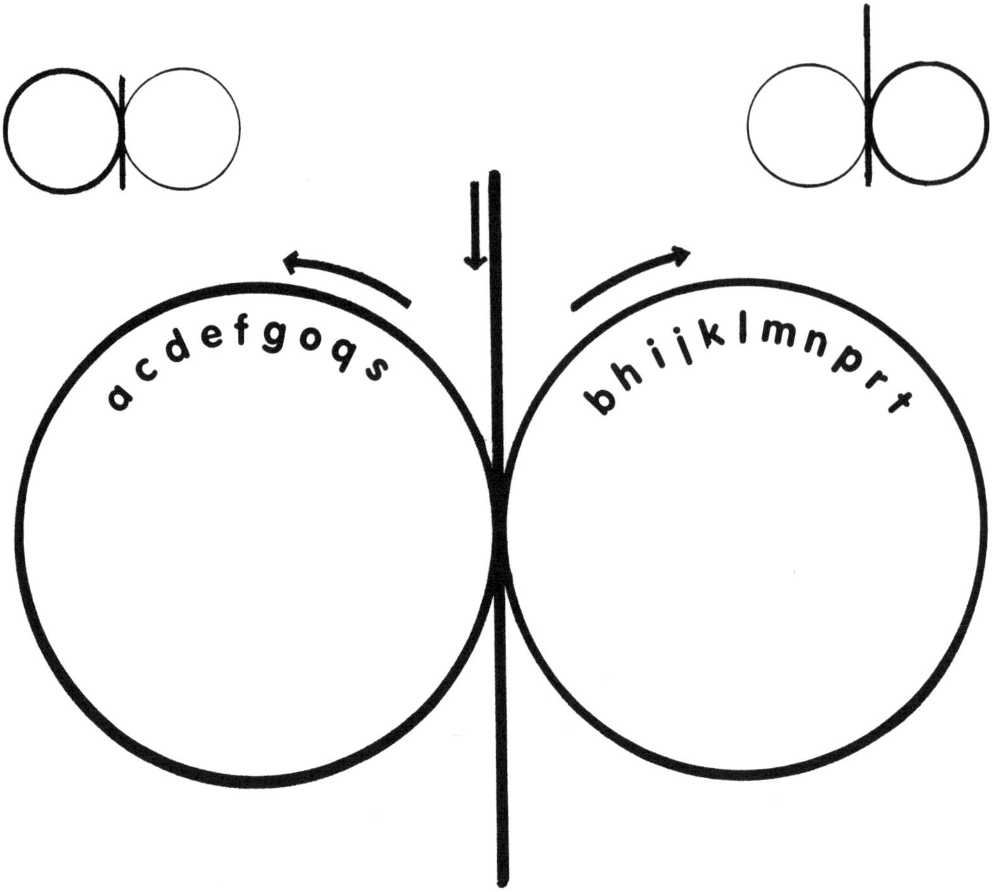

Wenn meine Schrift schlecht wird, übe ich meine ALPHABET-ACHTEN. Jeden Buchstaben schreibe ich an seinen Platz in der LIEGENDEN ACHT: In den linken Kreis kommen alle Buchstaben, bei denen man (beim Schreiben) zuerst eine Krümmung nach links macht. In den rechten Kreis schreibe ich alle Buchstaben, die mit einem senkrechten Strich beginnen und dann nach rechts weiterlaufen. Ich kann jetzt schreiben und zur gleichen Zeit kreativ denken.

Mama und ich machen zusammen die ELEFANT-Übung. Sie sagt, es entspannt ihren Nacken und ihre Augen. Ich schreibe gern neue Wörter (und das Einmaleins) mit meinem Rüssel in die Luft, so vergesse ich sie nie! Der ELEFANT hilft mir auch, ein besserer Zuhörer zu sein. *Beuge die Knie, halte den Kopf so an der Schulter, als wenn er an sie angeklebt wäre und strecke den Arm nach vorne aus. Bewege den ganzen Oberkörper und zeichne eine Liegende Acht in die Luft. Schau dabei über die Hand hinaus in die Ferne (macht nichts, wenn Du zwei Hände siehst). Wiederholung mit dem anderen Arm.*

Erst mit hochgezogenen Schultern . . .
Ich mache die NACKENROLLE mit hochgezogenen Schultern, bis die Anspannung nachläßt. *Laß den Kopf nach vorn hängen und rolle ihn hin und her, während Du entspannt ausatmest. Mache das gleiche mit nach hinten hängendem Kopf, dann alles noch einmal mit hängenden Schultern.* Danach ist meine Stimme viel kräftiger, wenn ich spreche oder vorlese.

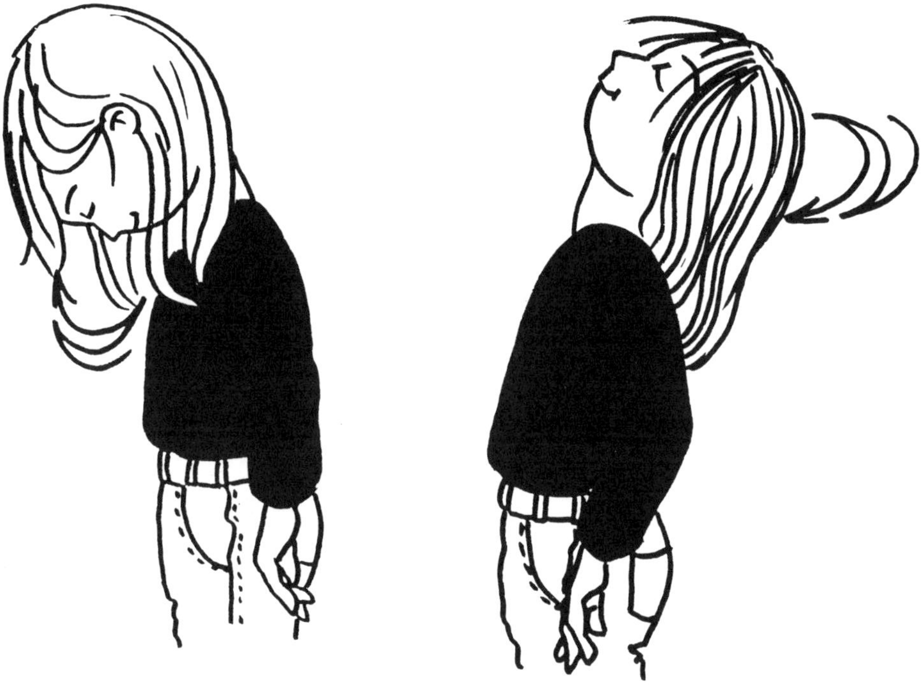

. . . dann mit hängenden Schultern.

Zuhause, nach der Schule, mache ich gerne die BECKENSCHAUKEL. Es entspannt meine Hüften nach all dem Sitzen. Ich setze mich auf den Boden, stütze mich nach hinten mit den Händen ab und massiere durch kreisförmige Schaukelbewegungen Gesäß und Steißbein, bis die Anspannung nachläßt.

Vor dem Essen übt Papa das BAUCHATMEN. Es entspannt ihn und hilft ihm, besser zu verdauen. Immer, wenn ich angespannt oder nervös bin, mache ich es auch. Seitdem kann ich mich viel schneller entspannen. *Lege eine Hand auf den Bauch. Atme, als ob Du eine Feder in der Luft halten willst, in kurzen sanften Stößen aus. Atme langsam und tief ein, fülle Dich langsam mit Luft, wie ein Ballon. Deine Hand hebt sich beim Ein- und senkt sich beim Ausatmen. Wenn Du Dich beim Einatmen zurückbeugst, kannst Du noch tiefer einatmen.*

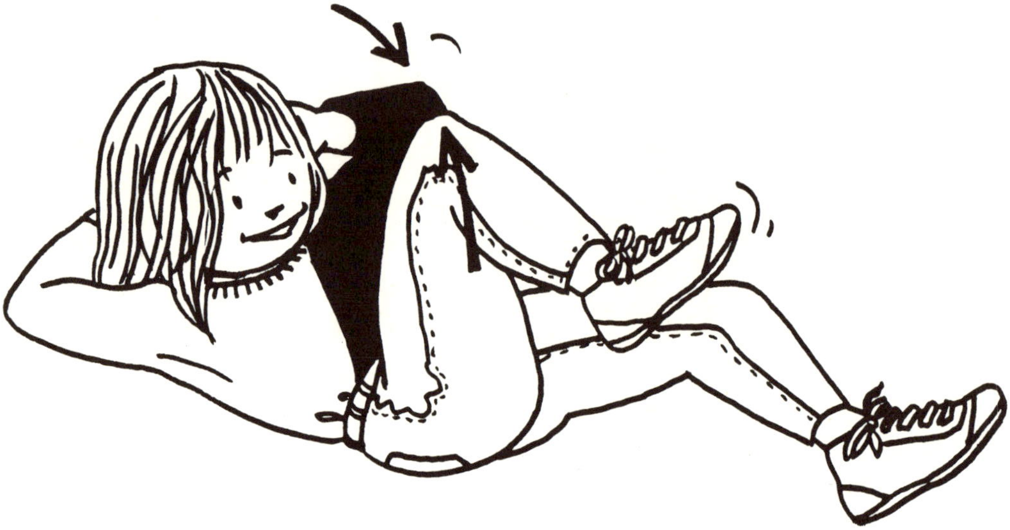

Knie-/Ellbogen-ÜBERKREUZBEWEGUNGEN MIT AUFSITZEN mache ich am liebsten zum Aufwärmen vor Sport und Spiel. Ich tue so, als ob ich radfahren würde, während ich mit abwechselnd jeweils einem Ellbogen das gegenüberliegende Knie berühre. Geist und Körper sind danach in Höchstform!

Zur Entspannung nach einem harten Tag macht Mama die KOBRA. Sie sagt, sie wird dadurch fit für die abendlichen Aktivitäten. Manchmal üben wir zusammen. *Stelle Dir vor, Du seist eine Schlange, hebst langsam Deinen Kopf und läßt dann Deinen Oberkörper folgen. Halte die Muskeln unterhalb der Taille ruhig und entspannt.*

Unser Volleyballteam ist wirklich Klasse! Meine Freunde und ich machen BRAIN-GYM-Übungen vor jedem Spiel. Bewegen und Denken klappt danach viel besser und die andere Mannschaft wirkt auch nicht mehr so angsteinflößend! Während des Spiels denke ich an ein X, damit ich ständig in Höchstform spiele.

Längungsübungen

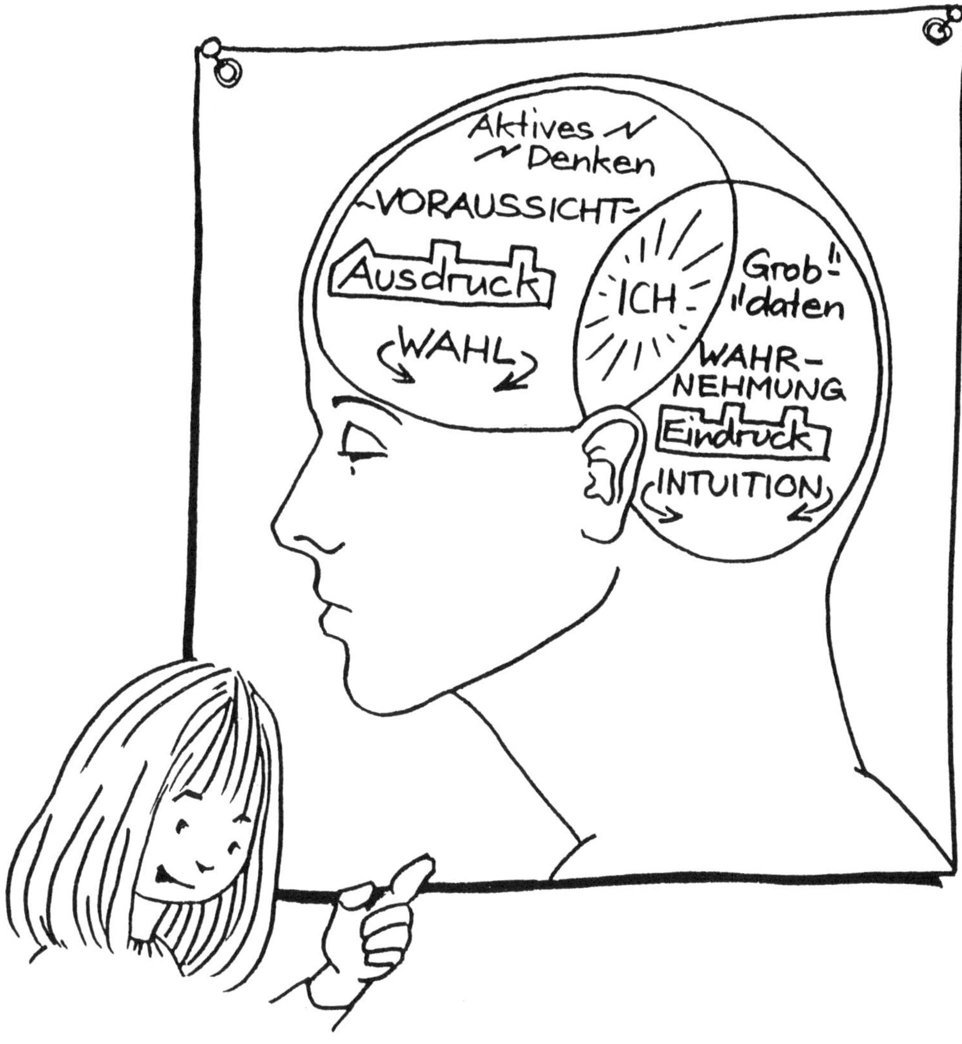

LÄNGUNGSBEWEGUNGEN aus dem BRAIN-GYM helfen mir eine Haltung einzunehmen, die mir die Bewegung nach vorne leicht macht. Das hilft mir, leichter dahin zu gelangen, wohin ich möchte. Wenn ich das Gefühl habe, daß ich mich zurückhalte oder das, was ich weiß, nicht ausdrücken kann, mach ich meine Längungsbewegungen. Danach fühle ich mich angeregt und habe wieder mehr Spaß daran, mich zu beteiligen.

DIE EULE löst Spannungen, die von langem Sitzen und Lesen herrühren. Robert macht die Eule, damit er für die nächste Schulstunde entspannt ist. *Umfasse die Schulter und drücke die Muskeln fest zusammen. Drehe Deinen Kopf und schaue erst über die eine, dann über die andere Schulter nach hinten. Laß den Kopf nach vorn fallen und atme tief durch. Entspanne dabei die Muskeln. Wiederhole alles, wenn Du die andere Schulter umfaßt.*

DIE ARMAKTIVIERUNG hilft beim Schreiben. *Halte einen Arm nahe an Dein Ohr. Atme langsam, indem Du eine Schnute machst. Gleichzeitig aktivierst Du die Muskeln indem Du den Arm gegen die andere Hand in vier Richtungen drückst: nach vorne, hinten, innen und außen.* Robert sagt, seine Schultern seien danach entspannt und er sei fit für die Arbeit.

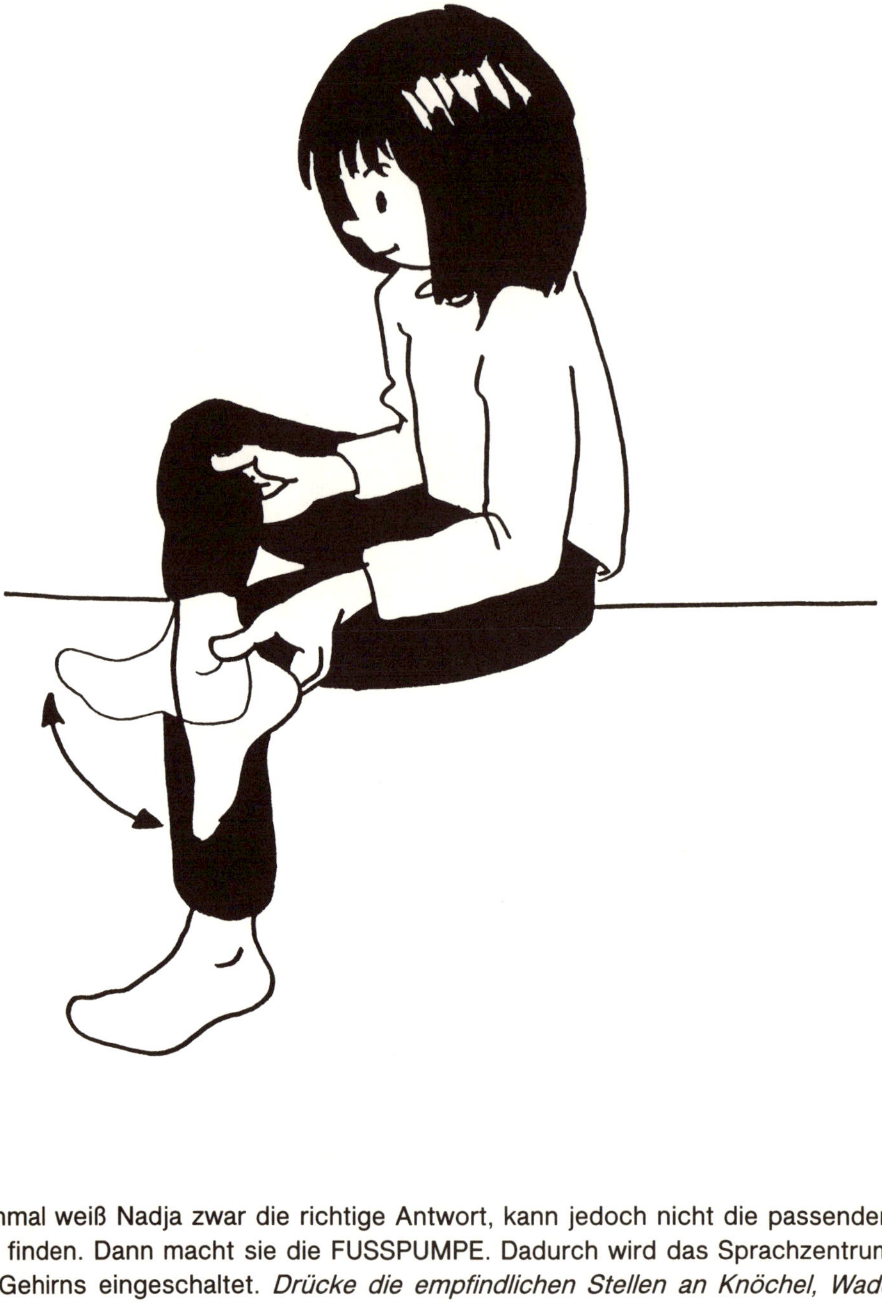

Manchmal weiß Nadja zwar die richtige Antwort, kann jedoch nicht die passenden Worte finden. Dann macht sie die FUSSPUMPE. Dadurch wird das Sprachzentrum ihres Gehirns eingeschaltet. *Drücke die empfindlichen Stellen an Knöchel, Wade und hinter dem Knie nacheinander und bewege dabei den Fuß auf und ab.*

Durch die WADENPUMPE wirst Du motivierter und aktiver. Wir machen sie immer, wenn wir irgendwo „steckenbleiben". *Presse die Ferse sanft auf den Boden, während Du Dich nach vorn lehnst und ausatmest. Wenn Du nachgibst, hebe die Ferse an und hole tief Luft. Wiederhole das dreimal auf jeder Seite. Je mehr Du das vordere Knie beugst, desto mehr Streckung wirst Du an der Rückseite der Wade spüren.*

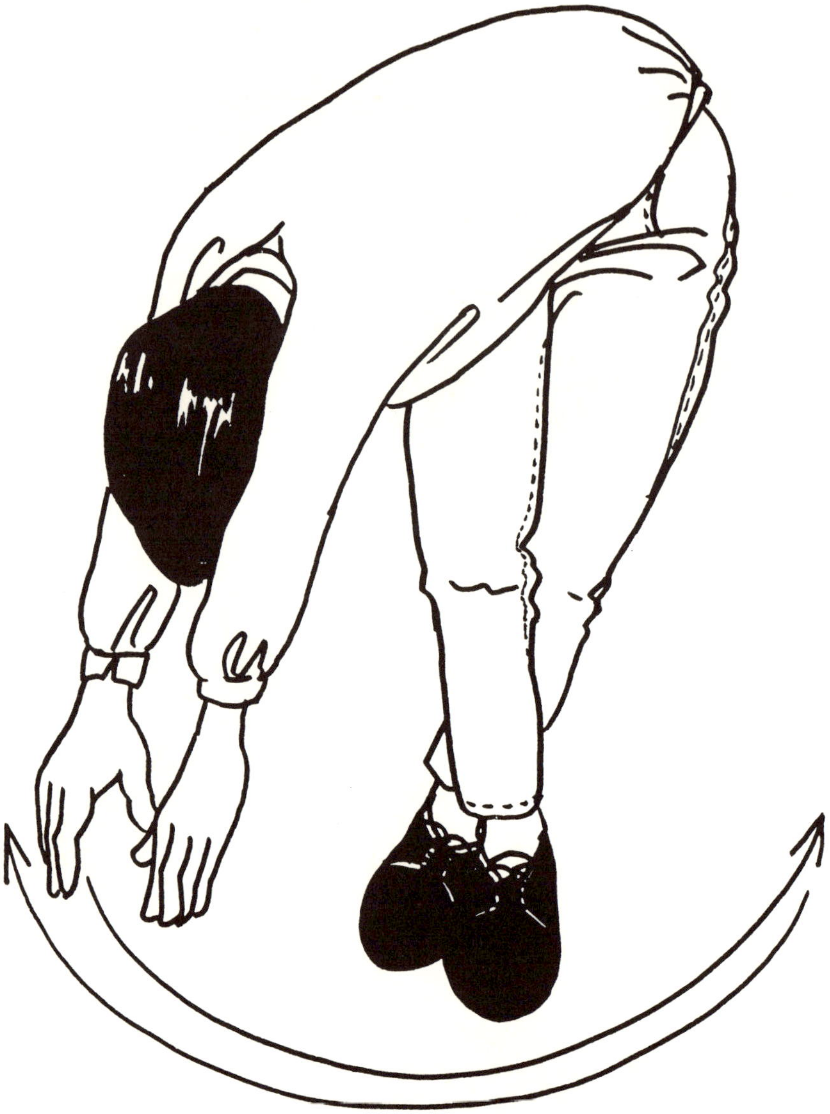

Papa sagt, nach einem anstrengenden Tag im Büro oder nach langen Autofahrten tue ihm der SCHWERKRAFTGLEITER besonders gut. Ich wende ihn vor dem Sport an. Nach dieser Bewegung fühlt sich mein Körper immer viel leichter. *Stelle Dich mit überkreuzten Füßen hin und halte die Knie locker. Wenn Du sicher stehst, beuge Dich nach vorn und laß die Arme beim Ausatmen hinab- und beim Einatmen hinaufgleiten. Nach dreimaligem Wiederholen wechsle die Fußstellung.*

Mit dem GROUNDER kann Robert seine Energie auf das konzentrieren, was er gerade tut. *Stelle Dich zunächst breitbeinig und bequem hin. Richte Deinen rechten Fuß nach rechts, während der linke Fuß geradeaus nach vorne zeigt. Beuge jetzt beim Ausatmen das rechte Knie und beim Einatmen streckst Du das Bein wieder. Halte den Oberkörper aufrecht und drücke die Hüften nach unten. Das kräftigt die Hüftmuskulatur (Du fühlst es auf der Seite des ausgestreckten Beines) und stabilisiert den Rücken. Wiederhole es dreimal auf jeder Seite.*

Energieübungen

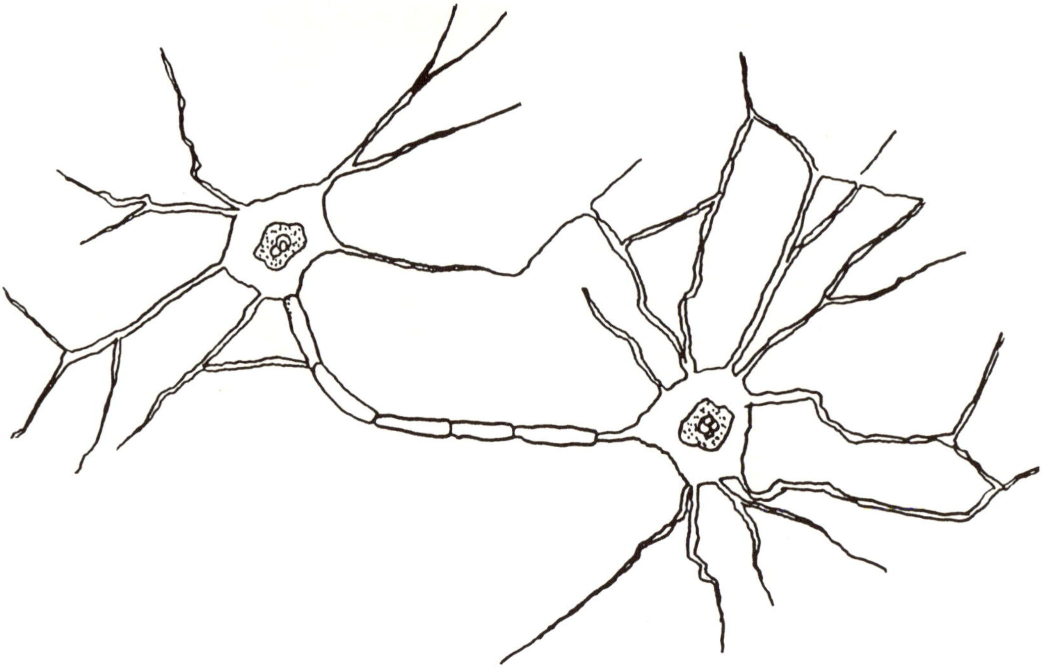

Im Biologieunterricht haben wir gelernt, daß das Gehirn über Milliarden winziger Nervenzellen, Neuronen genannt, verfügt. Wie Telefone stehen sie in Verbindung zu verschiedenen Nervenbahnen im Körper. Wenn ich die ENERGIEBEWEGUNGEN mache, ist es, als ob ich Verbindungen herstellen würde, so daß mein inneres Kommunikationssystem noch besser funktioniert.

Nadja und ich helfen Mama beim Einkaufen. Wir fühlen uns am besten, wenn wir Sachen essen, die natürliches WASSER enthalten, wie z. B. Früchte und Gemüse, und viel gutes, sauberes WASSER trinken. In Biologie haben wir gelernt, daß der Mensch zu ⅔ aus WASSER besteht, ein notwendiger Leiter für elektrische und chemische Reaktionen. Wenn ich Wasser zu mir nehme, fühle ich mich im Innern rein und klar.
Also: täglich gutes Wasser trinken und viel Obst essen!

Opa rubbelt die GEHIRNKNÖPFE, bevor er liest oder seine Augen gebraucht. Lesen strengt ihn dann nicht mehr an. Während er seinen Nabel berührt, reibt er die Punkte unterhalb des Schlüsselbeins, rechts und links vom Brustbein.

Während ich meine GEHIRNKNÖPFE reibe, stelle ich mir manchmal an meiner Nase einen Pinsel vor und male damit eine SCHMETTERLINGS-ACHT an die Decke (eine Acht, die wie ein Schmetterling in der Luft schwebt). Oder ich VERFOLGE mit den Augen die Linie, an der sich Wand und Decke treffen. Danach gleiten meine Augen ganz leicht über die Worte, die ich lese.

Oma mag die ENERGIEBEWEGUNGEN am liebsten. Sie reibt die ERDKNÖPFE, wenn sie ihr Haushaltsbuch führt. „Ich kann schneller und genauer rechnen als zu meiner Hochschulzeit", erzählt sie mir. *Lege zwei Finger unter die Unterlippe und die andere Hand auf die Oberkante des Schambeins. Atme so, daß Du die Energie in der Mitte des Körpers nach oben ziehst.*

Papa zeigt mir, wie man mit dem Computer umgeht. Wir berühren die BALANCE-KNÖPFE um den Körper entspannt und den Geist wach zu halten. *Berühre mit zwei Fingern die Vertiefung am Schädelansatz hinter einem Ohr, lege die andere Hand auf den Nabel. Atme die Energie nach oben. Berühre nach 1 Minute die Vertiefung hinter dem anderen Ohr.*

Mama sagt, daß die RAUMKNÖPFE ihrem Kopf helfen, schnelle Entscheidungen bei der Arbeit zu treffen. *Lege zwei Finger über die Oberlippe und lege die andere Hand auf das Steißbein. Berühre die Punkte eine Minute lang, während Du beim Einatmen die Wirbelsäule hinauf Energie fließen läßt.* Machmal mache ich ERD- und RAUMKNÖPFE zusammen. Ich massiere über der Ober- und unter der Unterlippe, während ich mehrmals nach oben und unten blicke.

Robert und ich haben unsere eigene Band: „Die Bluejays". Um unsere Stimmen zu entspannen, führen wir zusammen ENERGIEGÄHNEN durch. Es hilft uns auch beim Erfinden neuer Melodien. *Tu so, als ob Du gähnst. Berühre mit den Fingerspitzen alle angespannten Punkte, die Du auf Deinem Kiefer findest. Mache ein tiefes, entspanntes Gähngeräusch und streiche die Anspannung fort.*

„Komm Robert, laß uns die DENKMÜTZE aufsetzen", erinnere ich ihn. (Manchmal ist er abgelenkt und hört mir nicht zu.) Ich setze meine auch auf, da ich dann die Resonanz meiner Stimme besser höre, wenn ich spreche oder singe. *Entfalte dreimal sanft dehnend Deine Ohren von innen nach außen.*

Einstellungen vertiefen

Wir machen COOK-Übungen, wenn wir traurig, verwirrt oder mürrisch sind. Das heitert uns sofort auf. Die Übung besteht aus zwei Teilen. Opa macht Teil Eins, Oma Teil Zwei. *Lege zuerst Deinen linken Knöchel über Dein rechtes Knie. Dann umfasse den linken Knöchel mit der rechten Hand. Lege dann die linke Hand über den Ballen des linken Fußes. (Manche Leute sitzen bequemer mit dem rechten Knöchel über dem linken.) Bleibe so für eine Minute sitzen, atme tief durch mit geschlossenen Augen und der Zunge am Gaumen. Während des zweiten Teils stellst Du Deine Beine nebeneinander, bringst Deine Fingerspitzen zusammen und atmest eine Minute tief durch.*

Ich halte gerade Papas POSITIVE PUNKTE. Wir halten uns diese Punkte selbst, wenn wir nervös oder ängstlich sind oder auch für andere. Wenn wir an den Dingen arbeiten, anstatt uns darüber Sorgen zu machen, können wir unser Ziel erreichen. In weniger als einer Minute sind wir unseren Zukunftsplänen gegenüber friedlicher eingestellt. *Die POSITIVEN PUNKTE werden sanft berührt. Die Punkte sind auf der Stirn oberhalb der Augenmitte zwischen Haaransatz und Augenbrauen.*

Brain-Gym bei Arbeit . . .

Lesen:

Lesen über die Mittellinie

Gehirnknöpfe S. 34
Überkreuzbewegung S. 13
Liegende Achten S. 14
Schmetterling S. 34
Verfolgen S. 34

Lesen:

Laut lesen

Nackenrolle S. 18
Energiegähnen S. 38
Überkreuzbewegung S. 13
Beckenschaukel S. 20
Bauchatmen S. 21

Lesen:

Fragen
über
Gelerntes
beantworten:

Wadenpumpe S. 29
Fußpumpe S. 28
Grounder S. 31

Denken:

Mit den Augen Zeilen oder

Spalten  ***folgen***

(buchstabieren oder Mathe)

Erdknöpfe S. 35
Raumknöpfe S. 37
Balanceknöpfe S. 36

Denken:

Besser buchstabieren

Elefant S. 17
Denkmütze S. 39
Eule S. 26

Denken:

Rechnen:

Elefant S. 17

Eule S. 26

Nackenrolle S. 18

Schwerkraftgleiter S. 30

. . . und Spiel

Schreiben:

Bessere Druck- und Schreibschrift:

Liegende Achten S. 14
Alphabet-Achten S. 16
Armaktivierung S. 27
Double Doodle S. 15

Schreiben:

Kreatives und expressives

Schreiben

Wadenpumpe S. 29
Fußpumpe S. 28
Energiegähnen S. 38

Selbstbewußtsein:

Innerer Sonnenschein

Positive Punkte S. 41
Cook-Übungen S. 40
Balanceknöpfe S. 36

Selbstbewußtsein:

Sport

und

Spiel

X S. 12
Überkreuzbewegung S. 13
Balanceknöpfe S. 36
Beckenschaukel S. 20
Raumknöpfe S. 37
Kobra S. 23

Selbstbewußtsein:

Besser hören und sprechen

Denkmütze S. 39
Überkreuzbewegung S. 13
Elefant S. 17
Cook-Übungen S. 40

Selbststudium:

Überkreuzbewegung S. 13
Balanceknöpfe S. 36
Positive Punkte S. 41
Nackenrolle S. 18

Selbststudium:

Liegende Achten S. 14
Überkreuzbewegung S. 13
Alle Längungsbewegungen S. 26-31

Selbststudium:

Konzentration!

Überkreuzbewegung S. 13
Kobra S. 23
Beckenschaukel S. 20
Alle Längungsbewegungen S. 26-31

Selbststudium:

Test

Wasser S. 33
Liegende Achten S. 14
Erdknöpfe S. 35
Raumknöpfe S. 37
Cook-Übungen S. 40
Überkreuzbewegung S. 13

Persönliche Ökologie:

Computer-, Walkman- und TV-Videospiele,

um eingeschaltet zu bleiben

Wasser S. 33
Cook-Übungen S. 40
Nackenrolle S. 18

Persönliche Ökologie:

Bus, Auto, Flugzeug

Liegende Achten S. 14
Balanceknöpfe S. 36
Positive Punkte S. 41
Cook-Übungen S. 40
Nackenrolle S. 18

Willkommen im BRAIN-GYM-Land!

An manchen Tagen hat man sehr viel zu tun. Wenn wir keine Zeit für andere BRAIN-GYM-Übungen haben, machen wir die drei grundlegenden: WASSER trinken, GEHIRNKNÖPFE massieren und die COOK-Übungen. Dadurch bekommen wir eine grundlegende Balance und verringern den Streß, bis wir mehr Zeit für uns haben.

Querverweise für Eltern und Lehrer

Lesen

Überqueren der visuellen Mittellinie

(Horizontale Augenbewegungen ohne Hemmung der Wahrnehmung)
Gehirnknöpfe, S. 34
Überkreuzbewegung, S. 13
Liegende Achten, S. 14
Schmetterling an der Wand, S. 34
Verfolgen, S. 34

Organisationsfähigkeiten

(Horizontale Augenbewegungen ohne Verwirrung)
Erdknöpfe, S. 35
Raumknöpfe, S. 37
Balanceknöpfe, S. 36

Überqueren der auditiven Mittellinie

(Aktives Zuhören mit internem und externem Feedback und Feedforward)
Denkmütze, S. 39
Überkreuzbewegung, S. 13
Elefant, S. 17
Cook-Übungen, S. 40

Leseverständnis

(Gezieltes und vorausschauendes Lesen und Verinnerlichung der Sprache)
Wadenpumpe, S. 29
Fußpumpe, S. 28
Schwerkraftgleiter, S. 30
Der Grounder, S. 31

Vorlesen

(Expressives Lesen mit Gefühl und Interpretation)
Nackenrolle, S. 18
Energiegähnen, S. 38
Überkreuzbewegung, S. 13
Beckenschaukel, S. 20
Bauchatmen, S. 21

Schreiben und Rechnen

Hand-Augen-Koordination

(Schreiben und Zeichnen im rechten, linken, oberen, unteren Sehfeld)
Liegende Achten, S. 14
Alphabet-Achten, S. 16
Armaktivierung, S. 27
Double Doodle, S. 15

Kreatives Schreiben

(Fähigkeit, Erfahrungen des Hinterhirns in die Sprache einzubeziehen)
Wadenpumpe, S. 29
Fußpumpe, S. 28
Alle Hand-Augen-Koordinationsübungen (s. oben)
Energiegähnen, S. 38

Buchstaben

(Fähigkeit, auf visuelle Erinnerungen zurückzugreifen und gleichzeitig Laute zu formen)
Elefant, S. 17
Denkmütze, S. 39
Eule, S. 26

Rechnen

(Fähigkeit, in einem multidimensionalen Medium tätig zu sein)
Elefant, S. 17
Eule, S. 26
Wadenpumpe, S. 29
Nackenrolle, S. 18
Schwerkraftgleiter, S. 30
Double Doodle, S. 15

Verschiedene andere Fähigkeiten

Hausarbeit

(Integration für stilles Sprechen und innere Bilder, oft als Denken bezeichnet)
Überkreuzbewegung, S. 13
Balanceknöpfe, S. 36
Positive Punkte, S. 41
Nackenrolle, S. 18
Eule, S. 26
Elefant, S. 17

Kreatives Denken

(Integration der Arbeit anderer in das eigene Leben / die eigenen Gedanken)
X vorstellen, S. 12
Überkreuzbewegung, S. 13
Alle Längungsübungen, S. 26–31
Kobra, S. 23
Beckenschaukel, S. 20
Double Doodle, S. 15

Tests

(Entspannung der Schmetterlinge)
Wasser, S. 33
Bauchatmen, S. 21
Überkreuzbewegung, S. 13
Positive Punkte, S. 41
Cook-Übungen, S. 40
Balanceknöpfe, S. 36
Fußpumpe, S. 28
Double Doodle, S. 15

Schnelles Lesen

(Überfliegen und Querlesen werden möglich)
Alle Liegenden Achten, S. 14, 16
Überkreuzbewegung, S. 13
X vorstellen S. 12
Alle Längungsübungen, S. 26–31

Persönliche Ökologie:

Produktivität an Schreibmaschine oder Computer

(Abschirmung von möglichen negativen Einflüssen der Elektronik)
Wasser, S. 33
Liegende Achten, S. 14
Überkreuzbewegung, S. 13
Gehirnknöpfe, S. 34
Cook-Übungen, S. 40
Nackenrolle, S. 18
Wadenpumpe, S. 29

Bus-, Autofahren, Fliegen

(Überqueren der Mittellinie)
Liegende Achten, S. 14
Balanceknöpfe, S. 36
Positive Punkte, S. 41
Cook-Übungen, S. 40
Nackenrolle, S. 18

Selbstbewußtsein

Selbstbestimmung

(Fähigkeit, die eigene Richtung selbst zu wählen)
Balanceknöpfe, S. 36
Positive Punkte, S. 41
Cook-Übungen, S. 40

Ganzkörperkoordination für Sport und Spiel

(Die für die Entscheidungsfindung während der Bewegung notwendigen Hirn-Körper-Verbindungen)
X vorstellen, S. 12
Überkreuzbewegung, S. 13
Balanceknöpfe, S. 36
Beckenschaukel, S. 20
Raumknöpfe, S. 36
Kobra, S. 23

Weitere Informationen zum Überqueren der Mittellinie in Beziehung zu Lernfähigkeiten finden Sie in *EK für Kinder* und *Personalized Whole Brain Integration.*

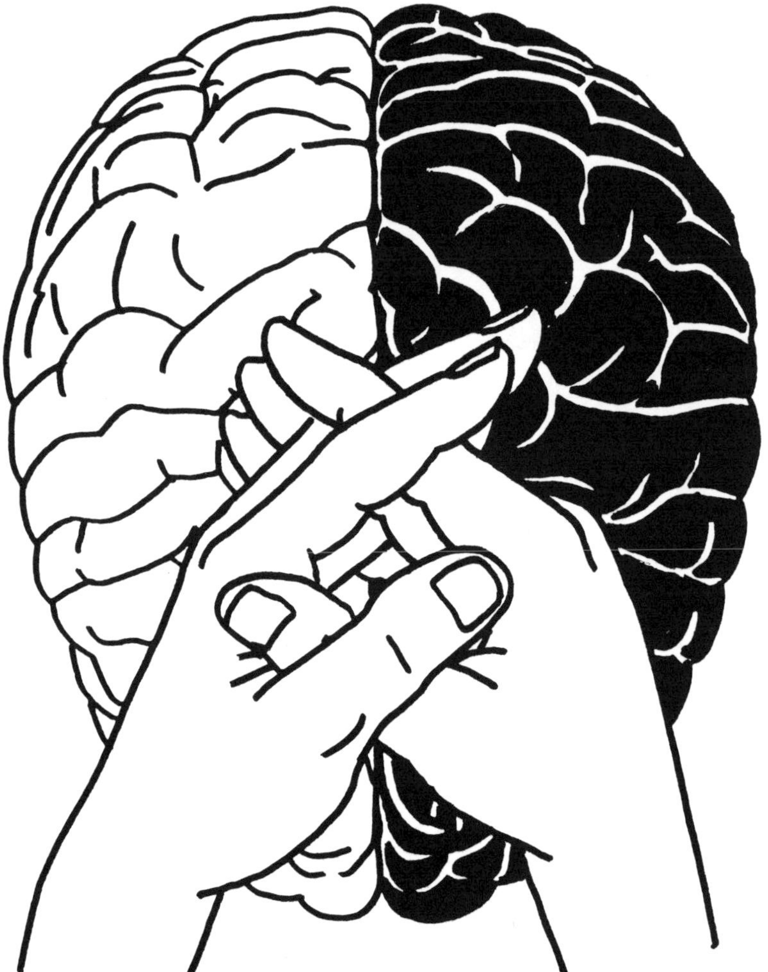

ÜBER DIE AUTOREN:

Dr. Paul Dennison hat die EK entwickelt und ist ein Pionier auf dem Gebiet der Gehirndominanzmuster. Seit 20 Jahren ist er Direktor des *Valley Remedial Group Learning Center.* Er und seine Kollegen haben EK-Techniken bei lerngestörten Kindern mit großem Erfolg angewendet. Sein berufliches Leben widmet er dem Bereich der Ausbildung. Seinen Doktortitel in Pädagogik erhielt er an der *University of Southern California,* wo er seine Dissertation über verdeckte Sprache und Anfänge des Lesenlernens verfaßte. Dr. Dennison ist internationaler Dozent und Autor. In Zusammenarbeit mit Gail Dennison erschienen bisher: *Befreite Bahnen, EK für Kinder* und *Personalized Whole Brain Integration.*

Gail Dennison lehrt seit 1971 holistische Gesundheit und leitet wachstumsorientierte Gruppen. Seit 1977 lehrt sie *Touch for Health* in ganzheitlichen Zentren und bei Frauengruppen im Gebiet von Los Angeles. Sie ist z. Zt. Direktorin der *Integrated Movements for EK.* Ihre Entdeckung der Dennisonschen Methoden stellt die Verwirklichung Ihres Traumes dar, kreativ mit Geist-Körper-Integration zu arbeiten. Sie bringt einen Hintergrund von Kunst, Tanz und Spiel in ihre Arbeit ein. Sie ist Mutter zweier kreativer und EK praktizierender Kinder, reist und arbeitet mit Dr. Dennison an Büchern und anderen EK-Projekten.

Linda Lloyd:

Des Lehrers Wundertüte. NLP macht Schule

Mit NLP läßt sich wirkungsvoller unterrichten. Dieses Buch bietet dazu eine Wundertüte voller Ideen. Wie Sie ein positives Bild von jedem Schüler gewinnen und es verwirklichen; woran Sie erkennen, wie Ihre Schüler denken, und wie Sie sie wirklich erreichen; wie Sie die gewünschten Antworten bekommen und unerwünschte Gewohnheiten verändern, – Lehrer lernen hier die Grundelemente des Neurolinguistischen Programmierens und deren spielerische Vermittlung an ihre Schüler. Ein Leitfaden zur Erarbeitung der NLP-Techniken, angelegt auf ein Schuljahr, mit 38 Wochenplänen für die tägliche Unterrichtsvorbereitung.

134 Seiten (21 x 29,2 cm), 59 Illustrationen und 38 Arbeitsblätter, Paperback, 39,80 DM/sFr., ISBN 3-924077-26-6

Christina Buchner:

Lesen lernen mit links ... und rechts, gehirnfreundlich und ohne Streß. Bilder, Geschichten, Ideen für Lehrer, Eltern und Therapeuten

Dieses Buch zeigt Lehrern, Eltern, Logopäden und anderen Therapeuten, wie sie Kindern dazu verhelfen können, gut und gerne zu lesen. Wird diese Leselernmethode *von Anfang an* eingesetzt, lassen sich viele Lernprobleme vermeiden: durch Ansprechen der linken *und* der rechten Gehirnhälfte.
Alle Kinder lieben Geschichten. Anders als herkömmliche Lesefibeln vermittelt Christina Buchner das Alphabet spielerisch anhand von Geschichten mit Tiefgang, die Kindern Spaß machen. Die vielen originellen Ideen, die die Autorin selbst in der Schule erprobt hat, werden auch *Ihre* Phantasie beflügeln.

186 Seiten (18 x 24,5 cm), 55 Abbildungen, Spiralheftung, 36,- DM/36,- sFr./281,– öS, ISBN 3-924077-49-5

Dr. Bernard F. Cleveland:

Das Lernen lehren. Erfolgreiche NLP-Unterrichtstechniken

Ausgehend von den Forschungsergebnissen der Lernpsychologie zeigt der Autor, welchen bedeutenden Beitrag das Neurolinguistische Programmieren leisten kann, um die Anforderungen optimaler Lernprozesse zu erfüllen. Hier können Lehrer lernen: das nonverbale Feedback der Schüler zu beobachten und so zu interpretieren, daß sie ihre Unterrichtsziele erreichen; wirksamen Rapport zu schaffen; Lernstrategien zu ermitteln und zu installieren; den Lehr- und Lernprozeß für sich selbst und die Schüler produktiver und erfreulicher zu machen. Besondere Aufmerksamkeit widmet der Autor dem systematischen Wahrnehmungstraining. Zahlreiche praktische Übungen helfen die neuen Erkenntnisse im Alltag (– nicht nur in der Schule!) umzusetzen.

230 Seiten (21 x 29,2 cm), 20 Abbildungen, Paperback, 49,80 DM/sFr., ISBN 3-924077-33-9

Dr. Paul E. Dennison/Gail Dennison:

Lehrerhandbuch Brain-Gym

Diese leicht verständliche Arbeitshilfe für Lehrer, Erzieher und Eltern bringt auf jeder Seite zu jeweils einer Brain-Gym-Übung einige Unterweisungstips. Diese befähigen dazu, die Übung für ein bestimmtes Kind oder eine bestimmte Situation zu erklären, abzuwandeln oder weiterzuentwickeln. Außerdem finden sich zu jeder Übung übersichtlich angeordnete Informationen zu ihren Wirkungen.

54 Seiten (21 x 29,2 cm), 115 Illustrationen, Spiralheftung, 29,80 DM/sFr., ISBN 3-924077-24-X

Übungskassetten für Jugendliche und Erwachsene:

Brain-Gym I (Themen: Positive Einstellung, Sehen, Hören, Schreiben, Lesen, Körperbewegung),

Brain-Gym II (Themen: Kommunikation, Organisation, Verständnis, Rechnen, kreatives Denken, Selbstbewußtsein). Preis: je 28,– DM/sFr.

Joyce Wycoff:

Gedanken-Striche. Auf neue Ideen kommen, Probleme lösen – mit Mindmapping

Mindmapping ist die Methode zum schnellen, spontanen Skizzieren von Assoziationen, Gedanken und Ideen in Strichzeichnungen. Mindmapping erschließt Ihr *ganzes* Gehirn und bahnt Ihnen den Weg: zu kreativem Lösen beruflicher und persönlicher Probleme; zu mehr Klarheit in Entscheidungsprozessen; zu einem Ideenfeuerwerk, das alte Denkgewohnheiten sprengt; zur Verbesserung von Gedächtnis und Konzentration; zu größerem Organisationsgeschick. Wenn Ihr beruflicher und privater Alltag Ihnen immer wieder neue, schwierig erscheinende Aufgaben stellt – Mindmapping bringt Sie mit wenigen Strichen auf bessere Gedanken und läßt Sie effektiv handeln.

183 Seiten (15 x 22 cm), 23 Abbildungen, Paperback, 29,80 DM/29,80,- sFr./268,– öS, ISBN 3-924077-48-7

Fred Warnke: **Was Hänschen nicht hört...**

Elternratgeber Lese-Rechtschreib-Schwäche

Was Hänschen nicht genau hört, kann Hänschen auch nicht richtig schreiben. Von diesem Grundgedanken ausgehend, zeigt der Autor neue Wege der Früherkennung und Überwindung der Lese-Rechtschreib-Schwäche („Legasthenie") auf. Die leicht verständliche Beschreibung der spielerischen Test- und Trainingsverfahren, die er selbst entwickelt hat, ermöglicht es jeder Familie, diese Verfahren selbständig zu Hause anzuwenden. Dazu dienen auch die Übungstexte für Kinder mit 28 ganzseitigen Bildern und die zusammen mit diesem Buch erschienene CD *Dyslexie und Hör-Lateralität* (ISBN 3-924077-43-6; 29,80 DM/sFr.); sie enthält außer dem Früherkennungstest einen Fachvortrag mit zahlreichen Hörbeispielen zu den Themen dieses Buches.

146 Seiten (21 x 29,2 cm), 28 Illustrationen, Spiralheftung, 39,80 DM/sFr., ISBN 3-924077-42-8